शुभि - मेरे एहसास

रोहित शर्मा "सार"

एक लेखक के जीवन मे संपूर्णता तब आती है, जब उसकी पहचान उसके शब्दों, लेखन, कलम, कागज, और एहसासों को मोहब्बत हो जाती है। मोहब्बत कभी किसी इन्स से, कभी प्रकृती से, कभी सागर की गहराई से, कभी आसमान मे उड़ते हुए परिंदों से, सुर की पहली किरण से, पूनम के चाँद की चाँदनी से, कभी मोहब्बत होती है साकी से, कभी मोहब्बत होती है, किसी के काजल लगी निगाहों से, कभी मोहब्बत होती है पैरों की पायल से, कभी मोहब्बत होती है साज-शृंगार से।

मोहब्बत होने का यह अर्थ नहीं कि, मोहब्बत दोनों तरफ ही हो, कभी कभी एक तरफा मोहब्बत भी इतनी गहरी होती है जिसमे अथाह सागर डूब जाए, एक तरफा मोहब्बत इतनी विस्तृत होती है कि आसमान मे खिलती धूप को खुद मे समेट ले, जब किसी से मोहब्बत होती है तब उसका रूप, रंग, एहसास, याद, उसकी हर एक बात, उसकी मुस्कुराहट, उसकी शरारत, उसका शरमाना, उसका इतराना और सब कुछ दिल को भाने लगता है।

प्रेम राधा का कृष्ण से था, प्रेम सीता का राम से था, प्रेम कृष्ण का गोपियों से था, प्रेम जो मुझको है तुमसे, तुम्हारे हर एक अल्फ़ाज़ से है।

- रोहित शर्मा "सार"

क्रम-सूची

प्रस्तावना

"कब किस विचार को कागज मे लिख कर स्याही और कागज को अमर कर दिया,

लिख कर तुम्हें अपने दिल मे, अपनी चाहत को अमर कर दिया ।।"

इस किताब के लेखक श्री रोहित शर्मा "सार" को किताब लिखने की प्रेरणा बहुत ही अद्भुत है, किसी के दर्द, प्यार अपनेपन, आँसू, मुस्कुराहट और शब्दों को मिश्रित कर लिखी गई इस किताब को एक मुकम्मल अंजाम दिया है, कभी कभी हम किसी के प्यार के इए कितना तरसते है, चहरे वो अनजान हो या कोई अपना, जब हमें वो प्यार मिल जाता है, तब हम खुद को भी भूल कर सिर्फ उस प्यार को ही सब कुछ मान लेते है।

लेकिन प्यार का मतलब यह नहीं होता है कि, प्यार के नाम पर देह का मिलन हो, प्यार की पूर्णत: वह होती है, जब आप किसी की यादों मे खोकर, किसी के जज़्बातों मे घुल जाते है, तब प्यार मे बोले हुए 02 बोल ही एक अनंत काव्य बन जाता है -

- लेखक रोहित शर्मा "सार"

- शुभि मेरे एहसास

भूमिका

" न जाने कब लिखना आ गया, और न जाने लिखते लिखते क्या लिख दिया "

कभी कभी किसी लेखक के विचार, किसी शायर की शायरी, या किसी कवि की कविता बहुत ही कम शब्दों मे बहुत कुछ कह जाती है, पर जो प्यार पाठकों का कवि, लेखक, या शायर को मिलता है, उसी प्यार की उफनती नदी मे एक लेखक, शायर, कवि की कलम को एक नया आयाम मिलता है।

कहते है किसी कवि/लेखक/शायर को अपनी अनुकृति कब कहाँ, कैसे मिल जाए इसका जवाब तो खुद कवि/लेखक/शायर के पास भी नहीं होता है ।

इस पुस्तक मे कवि श्री रोहित शर्मा ने अपने लेखन की विधा को एक नए आयाम पर लाकर रखा है, इश्क, मोहब्बत, प्यार और न जाने कितने एहसासों को खुद मे समेटी हुई है ये पुस्तक -

"शुभि - मेरे एहसास"

पावती (स्वीकृति)

कहते है कि सच्ची मोहब्बत, कब, कहाँ, किससे, क्यों, कैसे, हो जाती है ये कोई भी नहीं जानता, पर ये जो मोहब्बत एक बार हो जाती है, फिर उसे कभी मिटा कर भी नहीं मिटाया जा सकता है, किसी को इंसान से मोहब्बत होती है, किसी को एहसास से, किसी को शब्दों से, किसी को किताब से।

पर जब हम मोहब्बत मे डूब जाते है, तब हमे समझ आता है कि, ये जो मोहब्बत होती है न, हमारे दिल की धड़कनों से होकर हमारे जिस्म मे लहू के साथ साथ बहती है।

अब देखना यह है कि आपको मेरी मोहब्बत कितनी समझ आई, और किससे हुई मुझे मोहब्बत

-रोहित शर्मा "सार"

आमुख

WRITER ROHIT SHARMA "SAAR"

1. तुम्हें शब्दों मे लिखूँ

यूं तो हर रोज ही मिलता हूँ तुमसे,
कभी ख्वाबों मे, कभी ख्यालों मे।
पर हर पल तुमसे मिलने को बेताब रहता हूँ,
कभी जवाबों मे, कभी सवालों मे ।।

❦❦❦

सोचता हूँ यूं ही मिलता रहूँ तुम्हें,
कभी बारिश की बूंद, तो कभी सर्द की हवा बनकर।
चलता रहूँ हर दम तुम्हारे साथ ज़िंदगी की राहों मे,
हर पल तुम्हारी परछाई बनकर।।

❦❦❦

निभाना है मुझे इश्क तुमसे हर साँस पर अपनी,
कभी बन जाऊँ कोई धड़कन, तो कभी कोई आदत।
जिसे तुम भूल न सको चाह कर भी,
बन जाऊँ मैं तुम्हारी कोई ऐसी हसरत।।

❦❦❦

तुम कहो तो थाम लूँ अपनी साँसों को,
जो करती है इनकार कभी मेरी चाहत को।
एक तुम्हारे होने से मिलता है सुकून,
मेरे बेकरार दिल की राहत को ।।

❦❦❦

कर दो घायल तुम मुझे अपनी निगाहों से,

• 1 •

और कर दो मुझे अपनी चाहत मे पागल।
न जाने किस रोज थम जाए मेरी धड़कन,
थाम लो मुझे अपनी बाहों मे तुम आकर।।

कर दिया है करार तुमसे मैंने अपनी मोहब्बत का,
अब तुम्हारी मोहब्बत का एक इकरार बाकी है।
कह देना जमाने से तुम्हारी मोहब्बत की खातिर जिंदा हूँ,
आज शाम तक मुझे तुम्हारा इंतजार बाकी है।।

शुभि - मेरे एहसास

2. तुमसे मुलाकात

मुझे याद भी आज भी, वो तुमसे पहली मुलाकात,
जब तुम और मैं मिले थे, उस चाँदनी रात मे,
थी वो एक रात कुछ ज्यादा ही सर्द,
जब तुमने छुआ था मुझे और भर दिया था मेरे दिल मे,

❧❧❧

इश्क अपनी उन कातिल निगाहों से,
जिन्हे देखकर मैं हुआ था घायल,
तुम्हारे पैरों की पाजेब की झनकार बन गई थी,
मेरे दिल की हर एक धड़कन,

❧❧❧

उस रात जो थी हमारी पहली मुलाकात,
तुमने की थी मुझ पर अपने इश्क की बरसात,
भीग गया था मेरा बेचैन मन उस बरसात मे,
और फिर डूब कर तुम्हारे इश्क की गहराइयों मे,

❧❧❧

तुमसे इश्क का इजहार करता हूँ,
हाँ मोहब्बत है मुझे तुमसे, हर पल हर पल यही कहता हूँ ।।

❧❧❧

शुभि - मेरे एहसास

3. मेरी गुस्ताखी

तुम्हें चाहने की गुस्ताखी मुझे फिर एक बार करनी है,
तुम्हारे होंठों को छूने की गुस्ताखी फिर एक बार करनी है,
उतार दूँ चाँद को आसमाँ से इस धरा पर,
एक तुम्हारे इकरार की गुस्ताखी फिर एक बार करनी है ।।

मिटा दूँ खुद को एक तुम्हारे वजूद की खातिर,
तुममे खो जाने की गुस्ताखी फिर एक बार करनी है,
गहराइयों मे साहिल की डूबा हूँ कई बार,
तुम्हारे निगाहों मे डूब जाने की गुस्ताखी फिर एक बार करनी है ।।

चाहे तुम इनकार करो सौ मर्तबा मेरी मोहब्बत का,
पर मुझे इजहार-ए-इश्क की गुस्ताखी फिर एक बार करनी है,
रूठ जाना चाहे मुझसे हर पल मे सौ दफा,
हर पल तुम्हें मनाने की गुस्ताखी फिर एक बार करनी है।।

लम्हे ज़िंदगी के कुछ यूं बीते मेरे संग तुम्हारे,
हर लम्हों मे तुम्हें पाने की गुस्ताखी फिर एक बार करनी है,
रुक जाए तुम्हारे हाथों मे वक्त मेरा कुछ इस तरह,
सारी कायनात को रोकने की गुस्ताखी फिर एक बार करनी है।।

ना तुम हो अमानत आज किसी और की,

एक रोज तुम्हें अपना बनाने की गुस्ताखी फिर एक बार करनी है,
भर दूंगा अपना लहू तुम्हारी मांग मे जो तुम हाँ कर दो,
तुम्हें दुल्हन बनाने की गुस्ताखी फिर एक बार करनी है।।

शुभि - मेरे एहसास

4. चाँद हो तुम

मेरे दिल की हर धडकन मे गूँजता नाम हो तुम,
मेरी जुस्तजू मे शामिल वो पैगाम हो तुम,
हर रात अमावस मे बीती मेरी ज़िंदगी की,
आज मेरे जीवन मे पूनम का चाँद हो तुम।।

❧ ❧ ❧

निखार तुम्हारे रूप का यूं घुलने लगा है,
हर शाम को मैं तुमसे मिलने लगा हूँ,
चाहतों का ये हसीन सिलसिला तुमसे ही मिला है,
एक तुम्हें देखते रहना अब मेरा मुआमला है ।।

❧ ❧ ❧

हक इतना डे दो मुझे कि छू लूँ तुम्हारी रूह को,
बस इतनी सी ख्वाहिश आज भी मेरी जिंदा है,
तड़प मोहब्बत की जान गया हूँ तुमसे मिलकर,
अब मेरे दिल को सिर्फ तुम्हारा आसरा है।।

❧ ❧ ❧

देखूँ तुम्हें रात भर अपनी निगाहों मे छुपा हूँ,
जमाने की बात क्या, तुम्हें खुदा से चुरा लूँ,
मोहब्बत मेरी पकीज़ है इतनी तुम्हारे लिए,
कि तुम्हारे एक इशारे पर खुद को मिटा दूँ।।

❧ ❧ ❧

रह जाए न हसरत अब मेरे दिल मे कोई बाकी सी,

बस एक रोज साथ तुम्हारे बैठकर,
आसमाँ के चाँद को दिखा दूँ तुम्हारे रुखसार को,
कि शरमा उठे वो चाँद भी मेरे इस चाँद को देखकर।।

शुभि - मेरे एहसास

5. रात बीत जाने दो

हो गई सहेर अब नई सी कोई,
आज तमाम रात बीत जाने दो।
तुम्हें सुनाना है हाल-ए-दिल,
मुझे कोई गीत बन जाने दो।
मुकम्मल हो इश्क मेरा तुमसे लफ़्ज़ों मे,
धड़कनों को संगीत बन जाने दो।
न बाकी रह जाए हसरत अब कोई,
ज़रा हौले से मुझे खो जाने दो।
हो गई सहेर अब नई सी कोई,
आज तमाम रात बीत जाने दो।।

गमज़दा सी ज़िंदगी मे मेरी,
तुम्हें सावन बन जाने दो।
कभी जो बरसे इश्क हमारे दरमियान,
कोई ऐसा मौसम बन जाने दो।
तुम्हारे होंठों की लाली को चूम लूँ,
ज़रा मुझे करीब तो आने दो।
कर दो एतबार मेरे प्यार का ज़रा नज़ाकत से,
कोई ऐसी शरारत हो जाने दो।
कभी कभी तो मिलती हो मुझे सपनों मे,
ज़रा हसीन ये ख्वाब हो जाने दो।
हो गई सहेर अब नई सी कोई,
आज तमाम रात बीत जाने दो।।

कर न सको कभी कोई वायदा पूरा,
तो वायदे को जरा झूठ हो जाने दो।
बरसात हो चुकी है रात भर,
ज़रा इस इश्क की धरा को सूख जाने दो।
तरस हूँ उम्र भर से तुम्हारे मोहब्बत को,
मुझे एक बार तुम बन जाने दो।
गवाह है हर पल तुम्हारे इश्क का मुझसे,
मुझे इश्क मे गिरफ्तार हो जाने दो।
हो गई सहेर अब नई सी कोई,
आज तमाम रात बीत जाने दो।।

शुभि - मेरे एहसास

6. बेटी

जिस रोज़ पहली दफा मैंने तुम्हें गोद मे उठाया था,
खुशियाँ सारे जहाँ की अपनी बाहों में भर लाया था।।
वो पहली किलकारी जब तुम्हारी मैंने सुनी थी,
कानों में अपने सुर सरिता को बहता पाया था।।

अलंकृत किया था तुमने मुझे पिता के नाम से,
मेरी नन्ही सी कली बनकर मेरे जीवन को महकाया था।।
अद्र्ध रात्रि का पहर था, थी माता तुम्हारी जचकी कक्ष में,
रात 1:36 के समय तुम्हारे प्रथम रुदन ने मुझे हर्षाया था।।

था उस रोज तक पुत्र, भाई, सखा किसी का,
पर तुम्हारे जन्म ने मुझे पिता बनाया था।।
कार्तिक माह का प्रथम दिवस था,
नाम तुम्हारा कृतिका सभी ने सुझाया था।।
पर मेरे हृदय में मिश्रित कर प्रेम को,
तुमने मेरे जीवन को पूर्ण बनाया था।।

शुभि - मेरे एहसास

7. पहला प्यार

निगाहों से टकरा कर चार हुई निगाहे,
बाहों मे सिमट गई ये सर्द बाहें,
चाँद भी शरमाया था एक तुम्हारे दीदार से,
कुछ बातों मे यूं ही उलझी रही हमारी बातें,

बात करूँ जो पहले प्यार की,
मुझे आती है सिर्फ तुम्हारी ही याद,
जैसे खुले हुए आसमान मे कभी,
होने लगी यूं अचानक बरसात,

पहले प्यार की यूं दीवानगी मुझे मिल गई,
कुछ बेरंग सी मेरी ज़िंदगी,
इंद्रधनुष के रंगों मे रंग गई,
तुम मेरे हो सिर्फ मेरे ही हो,

मेरे प्यार को इतना एहसास ही बहुत है,
कभी जो गिर जाऊँ ठोकर लग कर,
तुम्हारे होने से संभालने का एहसास बहुत है,
रात की स्याह धुंध मे खोया सा रहूँ मैं,

कभी दिन की रोशनी मे तुझमे गुम हो जाऊँ,

जब भी आँखों को मूँद लूँ,
अपने हर ख्वाबों मे सिर्फ तुम्हें ही पाऊँ.......!

❧❧❧

शुभि - मेरे एहसास

शुभि - मेरे एहसास

8. कितने देर का इंतजार

न जाने मेरे तकदीर मे, तुमसे मिलने का इंतजार,
हो गया हूँ खाकसार, पर खत्म न हुआ ये इंतजार,
एक तुम्हारे इश्क के साये मे सोया रहा ताउम्र,
किसी रोज उठने का कर रहा हूँ मैं इंतजार।।

शाम को रोक लूँ अपनी हथेलियों मे,
कभी न होने दूँ सहर कोई एक नई सी,
तुम्हारी तस्वीर को छुपा लूँ अपनी निगाहों मे,
हो जाए एक रोज खत्म ये मेरा इंतजार।।

कागज पर लिखूँ नज़्म कोई,
धड़कनों को बन जाने दूँ राग मल्हार,
मेरे रूह की हर एक शह पर,
आज भी है तुम्हारे हस्ताक्षर का इंतजार।।

कमसिन या यौवन ये तुम्हारा,
जो छूँ लूँ कभी तुम्हें हो कर मदहोश,
पी जाना है मय तुम्हारी निगाहों से,
कर रहा हूँ तुम्हारी जुल्फ़ों के बिखरने का इंतजार।।

कभी उफानों मे उतरी किश्ती इश्क की,

कभी लहरों के लड़ती रही मोहब्बत की,
किसी रोज तो आएगी साहिल के पार,
मेरे प्यार को है तुम्हारे इकरार का इंतजार।।

मयस्सर हो चाहत मेरी तुमसे कुछ यूं,
बन जाए हम एक रोज तुम और मैं,
कभी इनकार का इंतजार, कभी इजहार का इंतजार,
एक तुमसे मोहब्बत की खातिर कर रहा हूँ हर पल इंतजार।।

शुभि - मेरे एहसास

९. कितनी चाहत है

तुम्हें लिखने की शब्दों मे मुझे कितनी चाहत है,
तुम्हें ख्वाबों मे लाने की मुझे कितनी चाहत है,
हर लम्हे मे अपनी ज़िंदगी की तुम्हें शामिल कर लिया,
अब तुम्हें अपनी ज़िंदगी बनाने की मुझे कितनी चाहत है।।

रंग तुम्हारे गालों पर लगाने की मुझे कितनी चाहत है,
सुर्खियत तुम्हारे होंठों पर सजाने की मुझे कितनी चाहत है,
हो जाने दो मुझे गुम तुम अपनी साँसों मे,
तुम्हारे दिल की धड़कन बन जाने की मुझे कितनी चाहत है।।

रात न बीते कभी, चाँद को आसमाँ मे रोकने की चाहत है,
मनाऊँ तुम्हें हर बात पर, तुम्हारे प्यार से रूठने की चाहत है,
हर शाम को दीदार हो तुम्हारा आईने मे,
आईने को भी थोड़ा शरमाने की चाहत है।।

खिली हुई किसी पाँखुड़ी को निहारने की चाहत है,
कुछ हैरान सा, थोड़ा अनजान सा बन जाने की चाहत है,
रख लूँ सर तुम्हारे गोद मे और सो जाऊँ,
मुझे ख्वाबों मे जन्नत सजाने की चाहत है।।

चाहत है मुझे बस इतनी सी चाहत है,

तुम्हारे लबों को चूम कर मदहोश होने की चाहत है,
इस दिल को सिर्फ तुम्हारा घर बना दूँ,
मेरे दिल मे एक तुम्हारे दस्तक हो जाने की चाहत है।।

शुभि - मेरे एहसास

10. एक कविता तुम्हारे लिए

हर्फ़ दर हर्फ़ मैंने लिखा तुम्हे,
लफ्ज़ दर लफ्ज़ मैंने पढा तुम्हे,
देखा जबसे निगाह भर,
लिया अपना मान मैंने तुम्हें।।

कभी आरज़ू बनकर मेरी तुम,
कभी मेरे एहसासों मे रहने लगी,
कभी बनकर धड़कन मोहब्बत की,
यूँ मेरे ज़िस्म में बहने लगी।।

सितम मेरे दिल पर यूँ ना गिराया करो,
जब याद करूँ, याद आया करो,
कभी बन जाओ चाँद पूनम का,
कभी बनकर सहर यूँ बिखर जाया करो।।

तुम्हारे नाम से ही अब मुझे पहचान मिलती है,
तुम्हारे होंठो पर मुझे शराब मिलती है।
लिखता हूँ हर पल तुम्हे अपनी सांसो में,
अपने दिल को तुम्हारे नाम लिखता हूँ।।

गुफ़्तगू करता रहा तन्हाई से ताउम्र,

आज कल तुमसे इश्क करता हूँ।
चाहता हूँ चूम लूँ खुले आसमान तले तुम्हें,
शब्दों मे ये गुनाह लिखता हूँ।।

किसी न किसी रोज तो तुमसे मिलन मुमकिन है,
मिलन ए खास यूं कुछ लिखता हूँ।
रात को औढ लूँ चादर बना कर,
चाँद को नाइट बल्ब लिखता हूँ।।

शुभि - मेरे एहसास

11. इत्तेफाक़ ये हुआ

इत्तेफाक़ ये हुआ उस रोज,
कि नजरें क़ातिल तुम्हारी कर गईं,
क़त्ल मेरे दिल का उस रोज,
देखा था पहली दफा तुम्हें मैंने।।

❧❧❧

लफ़्ज़ यूं शिकायती रहे तुम्हारे उस रोज,
जब मेरे अधरों ने चूमा था,
तुम्हारे होंठों को भर लिया था और तुम्हें बाहों मे,
क्या हसीन इत्तेफाक़ हुआ था उस रोज़।।

❧❧❧

भीगी थी तुम बरसात मे जब मेरे साथ,
क्या बेईमान हुआ था मौसम भी उस रोज़,
सुर्ख सलवार सूट मे लग रही थी क़यामत तुम,
था भीगा मैं भी मोहब्बत की बरसात मे उस रोज़।।

❧❧❧

किसी न किसी रोज बनाऊँगा तुम्हें अपनी दुल्हन,
होगी हर रात हमारी इश्क की रूप तुम्हारा सुहागन,
गूँजेगी धड़कन प्यार की मेरे दिल से तुम्हारे दिल तक,
होगा कितना हसीन ये इत्तेफाक़ एक रोज़।।

❧❧❧

होगा फैसला हार जीत का हमारा एक रोज़,

जब देखेगा चाँद भी तुम्हें नज़रे चुराकर,
ले जाऊंगा तुम्हें इस आसमाँ के उस पार,
बहुत खूबसूरत सी जन्नत होगी हमारी एक रोज़।।

शुभि - मेरे एहसास

12. मयकश हो जाना है मुझे

देखकर तुम्हारी मदहोश निगाहों को यूँ,
एक रोज मुझे मयकश हो जाना है।
डूब जाना है तुम्हारी गहरी निगाहों मे,
दरिया इश्क का पार उतर जाना है।।

❧❧❧

किसी भी रूप मे मिलो तुम मुझे ही,
मुझको तुम मे कुछ यूँ खो जाना है।
जैसे घुल जाती है खुशबू साँसों मे,
मुझे तुम्हारे होंठों की सुर्खीयत बन जाना है।।

❧❧❧

मालूमात करना किसी रोज हालात मेरे दिल के,
रख कर सिर अपना सीने मे तुम्हारे सो जाना है।
किसी रोज बन कर शाम एक प्यारी सी,
तुम्हारे साथ ही मुझे बिखर जाना है।।

❧❧❧

क़मज़र्फ़ जो गुजरे वक्त मेरा साथ तुम्हारे,
मुझे उस वक्त का हर लम्हा बन जाना है।
न रहे शिकवा तुम्हें मुझसे कोई,
अपनी मोहब्बत को कुछ यूँ तुम्हारे होंठों पर लिख जाना है।।

❧❧❧

बेशर्म हो जाने दो कुछ हमारे अरमानों को,

किसी रोज़ तुम्हें मेरी दुल्हन बन जाना है।
भीग जाए हम दोनों एक दूजे की मोहब्बत मे,
उस रात को सुहाग वाली तुम्हें मुझमे ही थम जाना है।।

शुभि - मेरे एहसास

इस पुस्तक के लेखक श्री रोहित शर्मा "सार" बेहद ही शांतचित और शांतिप्रिय है, इनका जन्म 22 नवंबर 1990 को जबलपुर में हुआ....!

बचपन से ही इनकी रुचि लेखन की तरफ थी, रोहित शर्मा की प्रारंभिक शिक्षा जी. सी. एफ. टोडलर्स में हुई, जहां से इन्होंने 5वीं कक्षा तक शिक्षा ग्रहण किया, उसके बाद इनकी शिक्षा नर्मदा नर्सरी तथा गुरु गोविंद सिंह खालसा स्कूल में पूर्ण की....!

रोहित शर्मा "सार" ने अपने ग्रेजुएशन इलेक्ट्रॉनिक कम्युनिकेशन में ज्ञान गंगा कॉलेज से इंजीनिरिंग की पढ़ाई पूरी की, तथा स्कूल एवं कॉलेज में काव्य सम्मेलन और मुशायरा में भी कई बार भाग लिया, जिससे रोहित शर्मा "सार" ने मंच में वाक्य पटुता हासिल की तथा अपने डर पर काबू पाना सीखा....!

अभियांत्रिक की पढ़ाई करने के दौरान इन्होंने श्रीमती वैशाली चाँदोरकर "गुरुमाता" से संगीत की तालीम हासिल की, और शास्त्रीय संगीत "गायन" में मध्यमा अंतिम तक संगीत की विधिवत शिक्षा हासिल की....! सन 2014 में इनकी शासकीय नौकरी रेलवे में लग गई, जिस कारण इनको संगीत की शिक्षा मध्यमा अंतिम के पश्चात छोड़नी पड़ी, किंतु इनका रियाज़ और गायन की प्रैक्टिस आज भी सतत जारी है....!

श्री रोहित शर्मा "सार" अपना आदर्श श्रीमति किरण तिवारी (स्कूल की हिंदी शिक्षिका) तथा श्रीमती वैशाली चाँदोरकर (संगीत शिक्षिका) को मानते है....! श्रीमती छाया शर्मा इनकी माता तथा श्री राकेश कुमार शर्मा इनके पिता है....! इसके पूर्व लेखक की 5 किताबें भी प्रकाशित हो चुकी है, जो कि लेखक के जीवन की अनमोल उपलब्धि है....!